WALTER VICIONI GONÇALVES

MITOS E EQUÍVOCOS
DA FORMAÇÃO PROFISSIONAL

SENAI-SP editora

SENAI-SP **editora**

Conselho editorial
Paulo Skaf (Presidente)
Walter Vicioni Gonçalves
Débora Cypriano Botelho
Neusa Mariani

Dados Internacionais de Catalogação na Publicação (CIP)

Gonçalves, Walter Vicioni
    Mitos e equívocos da formação profissional. / Walter Vicioni Gonçalves. São Paulo: SENAI-SP editora, 2014.
    80. (Engenharia da formação profissional)

ISBN 978-85-65418-03-4

1. Educação profissional I. Título

CDD – 373.24

Índices para catálogo sistemático:
1. Educação profissional

Bibliotecárias responsáveis: Elisângela Soares CRB 8/6565
                                       Josilma Gonçalves Amato CRB 8/8122

SENAI-SP Editora
Avenida Paulista, 1313, 4º andar, 01311 923, São Paulo - SP
F. 11 3146.7308 editora@sesisenaisp.org.br | www.senaispeditora.com.br

APRESENTAÇÃO

Walter Vicioni Gonçalves é o atual Diretor Regional do SENAI e Superintendente do SESI de São Paulo. É, também, membro titular do Conselho Estadual de Educação. Pode-se dizer que tem uma carreira completa no campo da educação profissional para a indústria.

Começou como professor da rede pública do Estado de São Paulo. Em 1970 ingressa no SENAI como professor de aulas gerais. Atua como agente de treinamento e em 1975 assume a direção da Escola SENAI "Félix Guisard", em Taubaté. Posteriormente, dirigiria também as Escolas "Suíço- Brasileira" e "Theobaldo de Nigris", na Capital. Em 1987 é convidado pelo então Diretor Regional do SENAI, Paulo Ernesto Tolle, para ocupar o cargo de Chefe da Divisão de Currículos e Programas. Mais tarde, exerce as funções de Diretor Técnico do SENAI e de Diretor de Operações do SESI. Em todos os postos procurou, e ainda procura, imprimir as marcas da inovação, da ética, da responsabilidade institucional e da excelência em educação.

Formou-se, inicialmente, para o magistério primário. Licenciou-se em pedagogia. Fez pós-graduação em gestão da qualidade. Especializou-se em várias áreas, destacando-se o curso de Planejamento e Administração da Educação no *Institut International de Planification de l'Education* (IIPE/Unesco), na França. Atuou como consultor do Banco Mundial no Projeto de Reorientação do Sistema de Formação Profissional do Marrocos.

Em resumo, desempenhou funções e papéis relevantes na docência, na direção de escolas, no planejamento curricular, na direção técnica e, finalmente, na direção regional e estratégica de uma importante instituição de formação profissional que é o SENAI de São Paulo.

Nesse percurso, teve a oportunidade de se defrontar e lutar contra inúmeros mitos e equívocos frequentes em momentos decisivos desde a concepção de cursos e escolas até a prática pedagógica e avaliação do rendimento escolar.

Obviamente, tais mitos e equívocos não ocorrem unicamente nas instituições responsáveis pela oferta da formação profissional. O mais grave é que, com mais frequência do que se imagina, acometem de forma irremediável autoridades responsáveis pela formulação e implantação de políticas públicas e de programas de governo.

Esta publicação, que não pretende esgotar o tema, é um grito de alerta contra ideias e, sobretudo, decisões desfocadas, improdutivas e até perniciosas em matéria de educação profissional.

O texto a seguir foi apresentado originalmente em uma palestra para os docentes do SENAI-SP, no âmbito do programa Pró-Educador.

São Paulo, maio de 2014
O EDITOR

ECONOMIA E TRABALHO 06

MODALIDADES DE FORMAÇÃO PROFISSIONAL 16

EXCELÊNCIA DE ENSINO E CURRÍCULO 28

AMBIENTES DE ENSINO 34

DIDÁTICA 42

ALUNO E TRABALHADOR 50

ETHOS PROFISSIONAL 56

AVALIAÇÃO 64

DOCENTES 70

ECONOMIA E
TRABALHO

1. A FORMAÇÃO PROFISSIONAL INDEPENDE DA ECONOMIA

É mito.

Para questioná-lo é preciso antes de tudo responder a uma pergunta: para quê um país precisa de educação profissional? Pode parecer óbvio, mas é sempre bom lembrar que se faz formação profissional para que o país possa contar com trabalhadores capazes de impulsionar, manter e, mesmo, acelerar seu desenvolvimento econômico e social. Assim, coloca-se em posição de competir no mercado internacional e, consequentemente, ganha condições de melhorar continuamente a qualidade de vida de seus cidadãos.

Criar cursos e escolas profissionais aleatoriamente, à margem do que o mercado requer, constitui um dos mais recorrentes equívocos do ambiente da educação para o trabalho. A oferta de formação profissional precisa estar sintonizada com o contexto maior da economia, integrando políticas nacionais que identifiquem e determinem quantos e que tipo de trabalhadores o país precisa hoje e vai precisar no futuro de médio prazo.

Mas nem sempre é isso que acontece.

Quando os agentes públicos e privados utilizam a formação profissional como instrumento descolado da economia, apenas para responder a pressões sociais, políticas ou de outra ordem de interesse, o risco de frustração geral no fim do processo é alto. Sem falar da questão do desperdício de recursos...

Sem demanda suficiente e sem condições adequadas de oferta pelas instituições de ensino, podem ser desastrosos os efeitos de se formar profissionais em número maior ou de um tipo diferente dos empregos existentes na realidade econômica. Entre outros resultados, acaba-se por gerar uma 'inflação' de formação profissional.

Esse "filme" os brasileiros já viram... Quem acompanha a história da educação no país sabe o que aconteceu a partir da implantação da malfadada Lei nº 5.692, de 1971, que mexia na estrutura da educação, mas atingia também os mecanismos de formação profissional.

Essa lei, que instituiu o ensino profissional obrigatório integrado ao segundo grau, representou muito mais do que um simples descompasso entre um projeto de formação profissional e a realidade econômica. Ela foi implantada numa época em que a oferta de ensino superior no Brasil tinha se tornado insuficiente para prover vagas aos milhares de candidatos que cumpriam os pré-requisitos e aspiravam chegar até lá.

No âmbito da reforma, ficou estabelecido que os primeiros oito anos de educação formal, antes divididos em primário e ginásio, passariam a formar o primeiro grau como ensino obrigatório, enquanto a etapa posterior, de três ou quatro anos, voltada à preparação para os cursos superiores e aos processos de profissionalização, seria definida como segundo grau. Em seu artigo 5º, a lei previa que a parte de formação especial do currículo "terá o objetivo de sondagem de aptidões e iniciação para o trabalho, no ensino de 1º grau, e de habilitação profissional, no ensino de 2º grau". Estabelecia ainda que a formação especial "será fixada, quando se destina a iniciação e habilitação profissional, **em consonância com as necessidades do mercado de trabalho local ou regional, à vista de levantamentos periodicamente renovados**" (grifo nosso).

Não houve, entretanto, nem a realização de levantamentos periódicos, nem a oferta de formação sintonizada com o mercado de trabalho.

Em sua edição de 6 de outubro de 1974, três anos após a promulgação da lei da obrigatoriedade, o jornal 'O Estado de S. Paulo' indicava um *mea culpa* dos próprios responsáveis pela educação no âmbito federal:

> "Efetivamente, a situação do ensino profissionalizante, da execução da lei 5.692, não é considerada boa. Autoridades do MEC afirmaram que o ministro [Ney Braga] encontrou, por todo o país, inadequação, tumulto e intranquilidade, tanto em visitas a colégios de alguns Estados, quanto em queixas feitas por professores, diretores e administradores de escolas. Mais do que isso, sabe-se que frequentemente a implantação do ensino profissionalizante não passa de uma ficção."

No horizonte incongruente em que se desenhava a obrigatoriedade do ensino profissional, alguns pontos se destacavam:

- Não foi levado em conta que a formação profissional requer docentes habilitados, instalações e equipamentos adequados, além de apoio técnico, didático e pedagógico. As escolas públicas de segundo grau não dispunham desses recursos físicos e humanos e esperar que toda a rede de ensino, inclusive a rede privada, contasse em curto prazo com tais condições e com a flexibilidade para redirecionamento a partir de novas demandas apontadas pelos levantamentos de necessidades do mercado local ou regional era uma utopia.

- A falta de recursos materiais e de professores especializados nas matérias técnicas levou à precarização da oferta do ensino técnico. A oferta possível, com os recursos então disponíveis, na maioria das vezes não correspondia nem às aspirações dos alunos nem às demandas do mercado de trabalho.

- Como consequência final, o aluno que terminava o ensino técnico não se sentia preparado nem para ingresso no ensino superior nem para exercer ocupações técnicas do mercado de trabalho. Ou seja, a formação técnica meramente cartorial jamais atendeu aos interesses dos jovens que continuaram buscando as disputadas vagas nas universidades.

Assim, a realidade mostrou que um salto profissionalizante sem planejamento curricular e sem a devida estruturação norteada pela economia era um 'faz-de-conta' geral, sob o ilusionismo da profissionalização compulsória. Constatado o imenso equívoco, os estragos tiveram que ser consertados gradativamente.

Em 1982, a Lei n.º 7.044/82 introduziu mudança substancial na redação original da Lei nº 5.692/71, substituindo a expressão 'qualificação profissional' por 'preparação para o trabalho', uma definição mais genérica e de livre interpretação, sem a obrigatoriedade da habilitação profissional. Tornou-se possível incluir as disciplinas tradicionais numa ótica profissionalizante, tanto das áreas técnicas quanto em segmentos voltados às ciências humanas, como filosofia e sociologia, matérias que voltaram a ser adotadas no segundo grau.

Finalmente, foi promulgada a nova Lei nº 9.394, de 20 de dezembro de 1996, de diretrizes e bases da educação nacional, com capítulo abrangente sobre educação profissional, que foi regulamentada pelo decreto nº 2.208/97. Implantou-se, então, o divórcio estrutural entre o ensino médio e o ensino técnico.

Menos de uma década depois, o Decreto nº 5.154, de 23 de julho de 2004, alterou novamente a estrutura da educação profissional, alteração essa confirmada pela Lei nº 11.741, de 16 de julho de 2008, que introduziu mudanças significativas na LDB de 1996.

Mesmo considerando-se a respeitável expansão da oferta de ensino profissionalizante nas últimas duas décadas, não é possível dizer que, hoje, o planejamento da oferta de formação profissional esteja em perfeita sintonia com a evolução econômica e tecnológica do país. Ainda há carência de estudos sistemáticos sobre a demanda atual e futura de trabalhadores.

Finalmente, não seria demais lembrar que um dos problemas mais sérios para o planejamento da educação profissional é o alto grau de incerteza sobre os rumos da economia, agravado pela inexistência de um projeto de nação que defina o norte de todas as ações do governo e da sociedade.

2. LEVAR FORMAÇÃO PROFISSIONAL A LOCALIDADES MENOS DESENVOLVIDAS ATRAI EMPRESAS E CRIA EMPREGOS

Outro mito.

A mera instalação de cursos profissionalizantes numa localidade não tem o poder de atrair empresas e criar empregos. Para que isso aconteça é preciso, antes, haver investimento dos diversos níveis de governo, criando infraestrutura e políticas de incentivo para a atração de empresas que, por sua vez, também vão investir e criar empregos. Em poucos e raros casos as instituições de formação são indutoras de desenvolvimento.

Há o caso emblemático de Santa Rita do Sapucaí, em Minas Gerais, cujo complexo universitário e de escolas técnicas incentivou a criação de um polo eletroeletrônico.

Mas esse é um dos casos que pode ser considerado uma exceção. De maneira geral, ao levar formação profissional a regiões onde ainda não há demanda identificada, o grande risco é, mais uma vez, formar para o desemprego.

3. A OFERTA DE FORMAÇÃO PROFISSIONAL NÃO DEVE SE ORIENTAR PELAS DEMANDAS DOS SETORES PRODUTIVOS

Mito também.

A oferta de formação profissional deve se pautar pelas exigências dos setores produtivos, ainda que a relação entre mercado de trabalho e formação não deva ser tão direta e linear, a ponto de a preparação de novos profissionais ser interrompida em cenários de estagnação econômica.

Note-se, por um lado, que a formação de profissionais normalmente exige um período relativamente longo - em média dois anos - não podendo esperar que vagas sejam abertas nas empresas para que as atividades de ensino sejam iniciadas.

Por outro lado, a formação profissional deve ser planejada também para repor a mão de obra necessária – uma vez que sempre haverá saídas de trabalhadores por aposentadoria, doença, morte ou razões variadas de natureza econômica, social ou pessoal.

Assim, até mesmo em períodos de menor crescimento econômico, há necessidade de formação de profissionais.

Além disso, a formação profissional, além de qualificar novos profissionais, deve, permanentemente, prover programas de aperfeiçoamento, atualização e especialização de profissionais já empregados.

Há casos com características singulares em que a formação profissional – inicial e continuada – pode ser planejada em médio e longo prazos, mesmo sem contar com crescimento econômico constante.

Os grandes projetos de infraestrutura – rodovias, pontes, hidrovias, hidrelétricas, ferrovias, portos, aeroportos, extração mineral, entre outros – requerem, antes do início das obras, amplas e consistentes ações de recrutamento, seleção e preparação de trabalhadores necessários ao desenvolvimento dos trabalhos. Se imaginarmos que uma empresa ganhe a concessão de operação e manutenção de uma ferrovia por um período de 30 anos, por exemplo, há um horizonte garantido para planejar e contratar programas de formação de seus quadros, inclusive com investimentos em novas tecnologias de operação e manutenção.

O que é preciso sempre ter em vista é que o trabalhador só desenvolverá plenamente suas potencialidades se puder aplicar o que aprendeu, o que está diretamente conectado com as oportunidades de emprego e com as condições em que exerce o seu trabalho.

MODALIDADES DE
FORMAÇÃO PROFISSIONAL

4. ATUALMENTE, OS SETORES PRODUTIVOS DEMANDAM MAIS TÉCNICOS DE NÍVEL MÉDIO E TECNÓLOGOS DO QUE PROFISSIONAIS DE QUALIFICAÇÃO BÁSICA.

É um mito derivado de uma visão distorcida das profissões. Essa percepção revela sobretudo desconhecimento da configuração do mercado de trabalho nacional.

Segundo dados do Ministério do Trabalho e Emprego, em 2012, a qualificação dos empregos formais, no Brasil, estava assim distribuída:

Nível dos trabalhadores	%
Superior	10,8%
Técnico de nível médio	10,9%
Qualificado inferior ao técnico de nível médio	73,8%
Outros de nível não definido(*)	4,5%

(*) por exemplo, dirigentes de empresas

Os dados revelam que há uma grande demanda de formação profissional para qualificação de novos trabalhadores, que não são de níveis superior e técnico.

Para o planejamento dessas ações, devem ser levadas em conta as mudanças que vêm ocorrendo nos perfis profissionais dos trabalhadores, nas últimas décadas. Tais mudanças - decorrentes da implantação de novas tecnologias e de alterações nos processos produtivos e de gestão – levam a uma preocupação com formas eficientes de estruturação de cursos e com a disponibilização dos recursos necessários para implantá-los.

A adequação e a intensificação da implantação dos cursos de qualificação de trabalhadores são essenciais num período em que se discutem alternativas para aumentar a produtividade das empresas brasileiras.

No caso do setor industrial, o Serviço Nacional de Aprendizagem Industrial (SENAI) tem uma longa tradição na oferta de cursos de qualificação profissional, tendo formado grande parte dos trabalhadores inseridos no mercado de trabalho nas últimas décadas.

Mas, para um esforço amplo, nacional, abrangendo todos os setores produtivos, é necessário delimitar bem a demanda existente e clarear conceitos fundamentais para o planejamento da formação profissional.

Na base da percepção equivocada e enviesada das necessidades do mercado de trabalho está a interpretação difusa e imprecisa que o senso comum ainda tem a respeito do termo "técnico". Ressalte-se que dessa visão própria ao senso comum não escapam nem mesmo muitos dirigentes públicos que tomam decisões sobre a educação profissional. Afinal, o que é técnico? Quem é técnico?

Nas empresas, pode se chamar de técnico tanto o tecnólogo quanto o operador de máquina e mesmo alguns profissionais de funções gerenciais. As donas de casa dizem que "vão chamar o técnico" para consertar a lavadora ou qualquer outro aparelho doméstico. Há um equívoco generalizado da mídia e de setores da população que salientam a "falta de técnicos", quando apontam a dificuldade de se encontrar um azulejista, um pedreiro ou um encanador ou quando, no mundo empresarial, são registradas queixas pela falta de soldadores no mercado. Estes trabalhadores citados genericamente como "técnicos", em sua maioria, são definidos como profissionais de qualificações básicas na Classificação Brasileira de Ocupações (CBO), documento oficial que reconhece as profissões no país.

Tanto a qualificação básica oferecida para adultos como a resultante dos cursos de aprendizagem industrial são nomenclaturas quase desconhecidas da população, de muitos selecionadores de pessoal, do mundo acadêmico e das instituições governamentais que lidam com educação. A confusão gerada pelas várias acepções do uso do termo "técnico" pode induzir a erros no planejamento da oferta, funcionando como uma bomba de efeito retardado em termos de alocação de recursos públicos. Mobilizam-se recursos para expansão de oferta da formação de técnicos que, em muitos casos, não encontrarão lugar no mercado de trabalho.

Não é fácil explicar, no Brasil, a diferença entre o trabalhador qualificado e o trabalhador técnico. De modo geral, para a diferenciação, pode-se dizer que, enquanto o primeiro é mais focado no saber-fazer, na mão na massa, o técnico tem sua formação mais acentuada no planejamento e nas bases conceituais do trabalho prático. Vale reiterar que ambas as formações são importantes e nenhuma é inferior à outra. São apenas diferentes.

Como o técnico de nível médio pressupõe necessariamente a certificação do ensino médio, obtida de forma concomitante ou subsequente à formação técnica, a sociedade acaba imputando um valor maior a ele. O fato de a habilitação técnica conter mais conteúdo acadêmico a torna menos distante do ensino universitário, historicamente mais valorizado pela nossa cultura de bacharéis e, mais recentemente, incensado pela propaganda de cursos superiores.

Neste contexto, há que considerar a escala de prestígio presente na sociedade brasileira, na qual quanto mais elevado for o nível acadêmico do indivíduo, mais alta será sua posição. Este fenômeno desprestigia o artesão, o trabalhador qualificado.

Cada sociedade valoriza, a seu modo, a memória tátil de profissionais e artesãos, como, por exemplo, o escultor, o ferramenteiro, o modelador de peças, o marceneiro, o pianista, o "tryoutista". Nesses casos, a memória está nas mãos. É difícil entender que isto é memória tátil conduzida ao cérebro, ou seja, é também cognição. O mesmo acontece quando se trata de memória gustativa dos provadores de bebidas, ou capacidade de discriminação de cores dos coloristas. Enfim, a escala de prestígio das profissões é uma construção social e para ela contribui enormemente a herança cultural de um povo.

Todo este questionamento coloca uma questão crucial para educadores, dirigentes e formuladores de políticas de educação profissional: nossa oferta atual está coerente com a demanda?

É preciso identificar e avaliar a demanda e a oferta de empregos e de formação, para adequar o planejamento da educação profissional para o futuro próximo e de médio prazo.

5. O CURSO DE APRENDIZAGEM É UMA ESTRATÉGIA INTEIRAMENTE SUPERADA DE QUALIFICAÇÃO DE JOVENS PARA O TRABALHO

Trata-se de uma percepção equivocada.

Essa percepção de que o curso de aprendizagem é uma estratégia superada de qualificação de jovens provavelmente deve estar ligada ao fato de que o instituto da aprendizagem tem suas raízes históricas num passado distante.

Desde que apareceu na idade média, nos países europeus, a aprendizagem foi uma solução para a transmissão das técnicas dos mais variados ofícios exercidos num mundo que passava a se organizar em aglomerações urbanas. Nessa época o aprendizado acontecia de maneira empírica e assistemática até que os jovens fossem considerados aptos a tornarem-se "oficiais" naquela profissão.

De lá pra cá, entretanto, muita coisa mudou. Com a revolução industrial, já na idade moderna, aos poucos foi se organizando um sistema de aprendizagem no próprio local de trabalho paralelamente a um tipo formação metódica realizada em um ambiente especialmente destinado às atividades de ensino. Tempos depois, com a evolução da produção racional, ficou mais conveniente para as empresas que a formação fosse feita em sua maior parte em ambiente escolar. E na sequência, ou concomitantemente, as empresas recebiam esses aprendizes para um período de prática profissional curricular.

Com poucas adaptações, foi esse o modelo adotado no Brasil nos anos 1940, quando da criação do SENAI. O Decreto lei nº 4.048, de 1942, estabelecia para as empresas industriais a obrigatoriedade legal do "pagamento de uma contribuição mensal para montagem e custeio das escolas de aprendizagem".

As tecnologias e a organização de trabalho foram evoluindo ao longo das décadas e a aprendizagem foi mudando. Na maioria dos países europeus a aprendizagem até hoje faz parte dos sistemas de formação profissional, com resultados comprovados. E no Brasil, com o formato que tem hoje, sem dúvida o curso de aprendizagem constitui uma estratégia válida e reconhecida para proporcionar aos jovens a formação básica em grande número de ocupações.

Isso não quer dizer que os responsáveis pelas políticas de formação profissional não devam ficar muito atentos para as necessidades contínuas de atualização e de aperfeiçoamento dos currículos dos cursos de aprendizagem, para que estejam permanentemente adequados aos perfis profissionais e às novas tecnologias implantadas nos processos de trabalho.

Outra questão que merece atenção dos formuladores de políticas públicas diz respeito às mudanças na legislação a partir do ano 2000. Com a promulgação da Lei nº 10.097, que introduziu alterações na CLT, a obrigatoriedade de as empresas contratarem aprendizes foi ampliada, definindo-se que "os estabelecimentos **de qualquer natureza** são obrigados a empregar e matricular nos cursos dos Serviços Nacionais de Aprendizagem número de aprendizes equivalente a cinco por cento, no mínimo, e quinze por cento, no máximo, dos trabalhadores existentes em cada estabelecimento, cujas funções demandem formação profissional" (grifo nosso). Outra mudança que passou a vigorar é que "na hipótese de os Serviços Nacionais de Aprendizagem não oferecerem cursos ou vagas suficientes para atender à demanda dos estabelecimentos, esta poderá ser suprida por outras entidades qualificadas em formação técnico-profissional metódica", especificamente Escolas Técnicas de Educação e entidades sem fins lucrativos, que tenham por objetivo a assistência ao adolescente e à educação profissional.

No caso dos programas de aprendizagem para o setor industrial, o SENAI de São Paulo tomou várias iniciativas para não deixar demanda das empresas sem resposta. Nesse sentido, além de ampliar a quantidade de vagas e o número de cursos oferecidos, criou o Programa Escola de Vida e Trabalho. Tal programa, implantado geralmente em municípios que não contam com uma escola SENAI e que tenham pequeno número de estabelecimentos industriais, propicia formação integral de aprendizes com base em Plano(s) de Curso elaborado(s) pelo SENAI-SP, com requisitos de acesso, perfil profissional de conclusão, organização curricular, conteúdos, organização de turmas, critérios de avaliação, perfil do pessoal docente e técnico, além dos ambientes de ensino necessários. Para tanto, são firmados convênios entre SENAI e instituições parceiras, que tenham condições de realizar os programas de aprendizagem de acordo com os parâmetros previamente estabelecidos.

Entretanto, do ponto de vista global – e não restrito ao setor industrial - é importante alertar para uma contradição que aos poucos se instala na oferta de programas de aprendizagem. Como tem crescido a pressão do Ministério do Trabalho e Emprego sobre as empresas, para que cumpram as suas cotas de contratação de aprendizes, uma prática equivocada vem sendo observada. Em muitos casos os cursos são organizados *pro forma*, para que as empresam cumpram as cotas, *sem levar em consideração a evolução da economia e as demandas reais do mercado de trabalho*, em termos quantitativos e de perfis profissionais.

Em primeiro lugar, é preciso ter sempre em mente que os objetivos do ensino profissional não podem restringir-se a aumentar a autoestima ou retirar jovens da rua. Não podemos retroceder ao estágio em que ensino profissionalizante era descrito como destinado aos pobres e "aos desfavorecidos da fortuna", para afastar o jovem da "ociosidade ignorante, escola do vício e do crime".

Ainda, não se podem aumentar indiscriminadamente vagas, sem levar em conta a demanda. Nestes casos, é alto o risco de desperdício de recursos e de gerar-se uma 'inflação' de educação profissional.

A falta de planejamento pode resultar em uma frustração dos formados, que não encontram oportunidades de inserção no mundo do trabalho, das empresas, que não conseguem admitir trabalhadores com o perfil necessário, e da sociedade em geral, que não tem sucesso em seus planos de desenvolvimento socioeconômico.

Para que esta distorção não ocorra, é preciso muita atenção das instituições de formação profissional públicas e privadas e ampla conscientização das organizações que oferecem os cursos.

EXCELÊNCIA DE
ENSINO E CURRÍCULO

6. A QUALIDADE DA FORMAÇÃO PROFISSIONAL INDEPENDE DA QUALIDADE DA EDUCAÇÃO BÁSICA

É mito.

Nos primórdios da história da educação brasileira no século passado, a formação profissional era considerada alternativa à educação propedêutica. Nessa época destinava-se o ensino profissionalizante aos filhos dos "pobres e desvalidos", que deveriam entrar precocemente no mercado de trabalho, enquanto o ensino acadêmico era reservado à elite e a parte das classes médias urbanas.

Dessa época para os dias atuais, houve uma mudança expressiva da sociedade, dos sistemas de educação e do mundo do trabalho. Com o advento de uma nova configuração dos processos produtivos, da introdução de novas tecnologias e de uma nova estruturação das relações na economia e na sociedade, a educação básica de excelência é o fundamento do desenvolvimento de competências profissionais. Nesse sentido, uma sólida base em língua portuguesa, matemática e ciências é indispensável para a aquisição das competências de cada perfil profissional.

Assim, a notória má qualidade da educação básica atual implica sérios desafios aos gestores e docentes da formação profissional. A necessidade crescente de reforço para que os alunos tenham oportunidades reais de sucesso em sua formação profissional leva às estratégias de nivelamento, que deveriam ser pontuais e temporárias, enquanto estivessem em andamento os processos de melhoria contínua da educação básica. Porém, diante das dificuldades em se concretizar esses processos, as estratégias de nivelamento se perenizam, trazendo problemas para a oferta de uma formação profissional de excelência.

Muitas vezes, por falta de condições de acompanhamento, decorrentes de uma frágil base educacional, os alunos tendem à evasão ou apresentam aproveitamento aquém do necessário, na formação profissional. E cai por terra o mito: certamente a educação profissional depende muito da qualidade da educação básica. Em última instância, pode-se mesmo dizer que a má qualidade da educação básica de hoje compromete a formação de trabalhadores e, por extensão, o desenvolvimento econômico do país em médio prazo.

7. UM CURRÍCULO DE FORMAÇÃO PROFISSIONAL DEVE CONTER, PREDOMINANTEMENTE, OS CONHECIMENTOS TEÓRICOS, POIS A PRÁTICA SERÁ ADQUIRIDA NAS EMPRESAS.

Outro mito.

Não é por acaso que um dos pilares da engenharia de formação profissional estruturada no SENAI é "aprender fazendo". O fato é que é impossível ensinar as competências de uma profissão sem associar a teoria à prática.

Um dos motores do processo de "aprender fazendo" como princípio educativo é a forma possível de associar adequadamente o conhecimento teórico com as práticas que serão encontradas nas empresas. Em primeiro lugar é preciso identificar os conhecimentos relacionados às práticas no mundo do trabalho. Isso se faz por meio de diferentes estratégias de estudo e análise das ocupações, definindo-se, dessa forma, o perfil de determinada função ou profissão.

A seguir, vem um passo fundamental e muito delicado que é a transposição do perfil em currículo destinado a formar o profissional em questão. Nesse momento, os conhecimentos e as práticas identificados na análise devem ser sequenciados, associados e organizados, de forma a propiciar uma adequada formação, tanto no que se refere às competências a serem desenvolvidas, quanto ao tempo necessário para essa formação.

Uma vez estruturado o currículo, a instituição formadora ainda deve dedicar esforço e destinar recursos à caracterização do método de ensino, à elaboração dos recursos didáticos e à preparação do pessoal docente.

Finalmente, o currículo entra em ação por meio da prática pedagógica. Periodicamente, há necessidade de avaliações para se verificar inadequações e inconsistências e apontar o caminho para ajustes e aprimoramentos. O planejamento curricular pode ser considerado o momento crucial em que se deve buscar o maior equilíbrio possível entre teoria e prática.

Em toda atividade há porções prescritivas e porções de livre escolha. Mesmo seguindo um currículo e um planejamento, o docente deve ter uma boa margem de autonomia para contextualizar a aprendizagem.

AMBIENTES **DE ENSINO**

8. UMA BOA ESCOLA PROFISSIONAL REQUER SEMPRE EQUIPAMENTOS DE ÚLTIMA GERAÇÃO UTILIZADOS NOS SETORES PRODUTIVOS.

É mito, fruto de uma visão desfocada que confunde os objetivos da formação profissional com os do processo de produção industrial.

Na formação profissional voltada a qualquer setor produtivo, a prática profissional é fundamental. Em decorrência, supõe-se que há sempre necessidade de reproduzir o processo de produção que acontece nas empresas.

Embora seja importante que o aluno tenha contato e manuseie os equipamentos em uso no setor produtivo, uma escola encontra diferentes estratégias para proporcionar essa experiência. Antes de tudo, deve-se ressaltar que o objetivo da escola é ensinar, enquanto o da fábrica é produzir.

É indiscutível que uma instituição de formação profissional precisa manter-se permanentemente atualizada quanto às condições e exigências do mundo do trabalho. Há, entretanto, critérios e procedimentos que devem ser observados ao estabelecer essa conexão, que sejam coerentes com os objetivos específicos da formação profissional.

Na estruturação dos currículos e na definição dos ambientes de ensino, a instituição formadora precisa buscar o maior discernimento e equilíbrio possíveis no que se refere às tecnologias, aos equipamentos e às instalações, de forma a:

- reproduzir na escola o que for pedagogicamente necessário e economicamente viável;
- adotar também, criteriosamente, soluções alternativas de simulações e visitas ou vivências de observação.

No caso do setor industrial, há vários momentos na formação profissional. O sequenciamento da aprendizagem pode partir de estudos e pequenos exercícios laboratoriais ou de oficina e gradativamente evoluir para o ponto em que a transição para a realidade dos processos da indústria possa ocorrer de forma tranquila. As instituições de formação devem antecipar e buscar formas de viabilizar a transição, sem grandes traumas, entre a escola e o trabalho.

No caso do SENAI, uma de suas atividades fundamentais é promover em escolas – fixas ou móveis - programas de formação profissional sem destino pré-determinado para um posto de trabalho desta ou daquela empresa, deste ou daquele setor. Caracteriza-se por uma estruturação curricular que busca formar o profissional eclético, com o principal objetivo de prover a preparação sólida, estruturada nos princípios e técnicas mais fundamentais de cada área ocupacional.

Tal vertente de formação profissional compreende variada gama de atividades, sendo oferecidos cursos mais longos ou mais curtos de acordo com as necessidades das diferentes clientelas: menores e adultos, com diferentes níveis de escolaridade etc. Promove-se, assim, formação de aprendizes, técnicos e tecnólogos.

Nesses programas, normalmente, equipamentos, máquinas e ferramentas são os instrumentos necessários para a tarefa pedagógica, permitindo ao aluno apreender as tecnologias que são utilizadas nas empresas. Tais recursos são colocados à disposição das atividades de ensino de acordo com estudos de leiautes elaborados por técnicos de educação, especialistas na área.

A partir da conclusão dessa formação profissional inicial, ao serem contratados por uma empresa, os profissionais vão adequar seus conhecimentos à tecnologia e aos equipamentos utilizados nos processos de produção daquela indústria.

Para proporcionar às empresas essa complementação da formação de seus trabalhadores, assim como para promover programas de capacitação nos momentos de introdução de qualquer novo equipamento, o atendimento é realizado pontualmente, com compartilhamento de responsabilidades para realização das atividades com a indústria ou, mesmo, com sindicatos e entidades de classe. Tais programas de curta duração são planejados com base em diagnósticos realizados geralmente por técnicos do SENAI e das empresas, com equipamentos, máquinas e ferramentas por elas disponibilizados.

Em resumo, as escolas de formação profissional devem, sempre que possível, manter-se atualizadas, com relação ao avanço tecnológico dos processos produtivos. Não significa, porém, que sempre devem investir para contar com todos os equipamentos que são utilizados nas empresas de um setor produtivo. Há necessidade de um planejamento criterioso que, inclusive, evite equipamentos e máquinas demasiadamente grandes, caros e com tecnologias não consolidadas. Nesses casos, é preciso adotar estratégias que permitam ao aluno acompanhar o avanço tecnológico por meio de estratégias alternativas, entre as quais o uso de simuladores e plantas-piloto, além de realização de estágios e vivências profissionais em empresas.

9. OS RECURSOS DIDÁTICOS SÃO OS PRINCIPAIS FATORES DA FORMAÇÃO PROFISSIONAL.

Este é mais um mito, que distorce os fatos por supervalorizar a tecnologia em detrimento da ação humana. Muito mais que recursos didáticos, os principais fatores da formação profissional são as pessoas que participam do processo.

Ainda que os tais recursos sejam importantes instrumentos de apoio ao ensino, não substituem nem se sobrepõem ao papel do docente no desenvolvimento do ensino e da aprendizagem.

Hoje, com as tecnologias de informação e comunicação (TICs), há um vasto universo de pesquisa para um constante aprimoramento da prática pedagógica mas, por melhor que seja, o recurso didático não tem o condão de suprir a atuação do docente. Muitas vezes, mesmo com um recurso didático sem a qualidade necessária ou incompleto, o docente bem preparado é capaz de realizar uma boa atividade pedagógica. Além disso, de nada adiantará a atualização de recursos se os docentes não aproveitarem todas as suas potencialidades.

Durante o processo de ensino, é visível o esforço dos docentes e agentes pedagógicos em geral em tornar o ambiente de aprendizagem propício aos objetivos educacionais a que se pretende chegar, como forma de estimular participação, convivência, criatividade e aprendizagem propriamente dita.

No SENAI de São Paulo, os instrutores de oficina têm um papel extremamente relevante. São eles que recebem jovens, com a missão de transformá-los em profissionais, ensinando-lhes a transição da teoria para a prática do trabalho que exercerão, além de valores e atitudes. Guiados pelos instrutores, os alunos percebem a beleza da peça que constroem, o seu poder de criar. Percebem também o que há de mágico no processo produtivo de uma empresa industrial, que recebe a matéria-prima e a converte num alimento, num instrumento que um médico usa para salvar vidas, numa televisão que transmite notícias e lazer, numa casa para dar abrigo.

É claro que os instrutores não estão sozinhos. Precisam dos técnicos que elaboram e atualizam currículos e recursos didáticos. Precisam da equipe administrativa, que faz registros dos alunos e todos os controles administrativos e financeiros. Precisam do corpo gerencial, que deve garantir a continuidade de seu trabalho e do cumprimento da missão. É nessa união de instrutores, técnicos, funcionários administrativos e gerentes que se efetivam as condições para a formação do aluno.

Logicamente, instrutores e técnicos precisam sempre atualizar seus conhecimentos e sua forma de trabalho, para adequar seu ensino às novas tecnologias e às novas formas de organização de trabalho das empresas. Na formação profissional, exposta quase sempre às contingências dos modelos econômicos e das mudanças de paradigmas, novas e velhas práticas convivem e interagem, variados recursos didáticos e equipamentos são utilizados, mas a atuação dos que planejam e executam a formação profissional não pode dar margem à defasagem tecnológica.

Devem ainda adaptar-se às novas normas e legislação do ensino e do trabalho, além de acompanhar as mudanças no modo de ser de cada geração de jovens e de compreender as novas realidades. Mas, no essencial, os objetivos e a forma de ensinar não mudam. É o docente que inicia e acompanha o aluno no aprender a fazer. E, por meio do aprender a fazer, o jovem aprende a ser, aprende a compartilhar, aprende a criar, aprende a conviver.

A interação entre alunos e docentes — muitas vezes original e criadora — é a base do sucesso da formação profissional. É nesse ambiente que são atendidas as demandas individuais conectadas aos diferentes modos de aprendizado, aos diferentes ritmos e valores pessoais que, no fim das contas, retratam a complexidade do mundo real. Trata-se de uma mistura energética de experiências na qual se debatem questões comuns e em que se afinam os entendimentos.

DIDÁTICA

10. OS ALUNOS SÃO IGUAIS EM TUDO E, PORTANTO, DEVEM RECEBER TRATAMENTO PADRONIZADO E ÚNICO.

A realidade revela exatamente o contrário do que diz este mito.

Em uma situação de aprendizagem, cada aluno tem potencial e ritmo próprios. Como na vida, o indivíduo é único nas maneiras de agir, sentir e pensar. Tais diferenças individuais no contexto pedagógico precisam ser detectadas pelo docente como uma porta aberta para diferentes estratégias de ensino. Embora as instituições de formação profissional atuem com currículos e programas até certo ponto padronizados, a prática pedagógica dos docentes precisa levar em consideração as diferenças individuais dos alunos e o próprio contexto em que a escola atua.

Por outro lado, generalizar e afirmar categoricamente que os métodos pedagógicos das instituições de formação profissional devem ser padronizados é outro equívoco. Em função dos perfis profissionais de cada setor, há metodologias específicas e variadas para os ensinos agrícola, industrial e comercial.

Ao falar especificamente da formação para a indústria, é salutar a possibilidade de se realizar planejamento de ensino com diferentes alternativas de consecução dos processos de aprendizagem. O mundo da indústria é um conjunto de diferentes processos para produção dos mais variados produtos – desde celulose para fabricação de papel até montagem de veículos automotores – que exigem técnicas de ensino e estratégias apropriadas para formação dos profissionais que nele atuam.

Vale também salientar que não existem "métodos antigos" e "métodos modernos", o contexto é que determina o que funciona ou não funciona. A ansiedade pelo "novo" pode levar à substituição de métodos consagrados que funcionam por modismos prejudiciais a uma boa formação.

Ainda, é fundamental reconhecer as diferentes formas de realizar o planejamento curricular, a formação de docentes, a supervisão e a avaliação dos resultados. Não se trata de impingir uma "camisa de força" à atuação docente e muito menos de tratar os alunos de maneira uniforme. É preciso selecionar a forma de realização das atividades de formação profissional - sem prescindir de um controle de qualidade que permita um processo de melhoria contínua - com a garantia de uma margem de liberdade para o exercício criativo da atividade docente.

Mais que tudo, em um sistema de formação profissional deve predominar a prática que considera o aluno uma pessoa, consciente do seu destino e de sua identidade singular.

11. O MELHOR MÉTODO DE FORMAÇÃO PROFISSIONAL É O DE LEVAR O ALUNO A EXCLUSIVAMENTE IMITAR E REPRODUZIR O QUE O DOCENTE DEMONSTROU.

Este mito revela desconhecimento e preconceito.

Demonstrações, procedimentos manuais e estratégias de atividades práticas são importantes na formação profissional para que os alunos sejam levados a repetir e reproduzir os passos observados, o que leva ao domínio de operações típicas das diversas profissões. Seja qual for o método aplicado, sempre é necessário que o aluno conheça o fundamento e os princípios de uma técnica e tenha condições de julgar a adequação e a viabilidade de seu emprego em diferentes situações.

Mas é essencial também, na formação profissional, o desenvolvimento de atitudes pessoais, no sentido de incentivar a iniciativa, a capacidade de julgamento para planejar e para avaliar o próprio trabalho, a disposição para trabalhar em equipe, além da criatividade para enfrentar novas situações e solucionar problemas. No atual mundo do trabalho, as empresas necessitam de profissionais com tais atitudes.

Cada vez mais se valoriza a formação de um profissional crítico e participativo, capaz de introduzir, por si mesmo, melhorias no processo produtivo, tais como redução do tempo, simplificação operacional, racionalização, adequação na condição ergonômica e outras.

Na fase escolar também é possível desenvolver iniciativa e criatividade para a elaboração de novos projetos, desde que o professor não seja um mero instrumento de repasse dos conhecimentos e das rotinas, mas um gestor de grupos com capacidade de transmitir valores que vão além da técnica, como senso estético, gosto pela perfeição das formas, equidade e sensibilidade.

Em todos os sentidos, inovar e julgar são atitudes essenciais de um profissional. Trata-se, pois, de se criar oportunidades e ambientes favoráveis ao surgimento de novas ideias e projetos durante os programas de formação profissional, sem qualquer prejuízo ao ensino e aprendizado das competências próprias da profissão objeto da formação.

No plano conceitual da proposta didática está o tripé que norteia as atividades de ensino e de aprendizagem do SENAI: o saber, o saber fazer e o saber ser. O aluno, por meio de associações e repetições, terá o domínio da técnica, mas não pode deixar em segundo plano o conhecimento das estratégias que lhe darão o controle da aplicação técnica e o ajudará na tomada de decisões à medida que surjam novos desafios. Ao mesmo tempo, o aluno desenvolverá o hábito de refletir sobre seus conhecimentos, determinar prioridades, absorver as informações relevantes e descartar os excessos. Isso significa que, além de dominar a técnica e conhecer as estratégias, ele deverá desenvolver uma capacidade de observação e compreensão plena dos caminhos da própria aprendizagem.

De forma sintética, um modelo clássico das relações entre mestre e aprendiz, ainda bastante eficaz e que funciona como um marco para a educação profissional, segue o roteiro pedagógico que parte de um momento inicial de observação, ou modelagem, no qual o aluno simplesmente visualiza as formas e métodos de concepção, passa pela fase de reprodução das atividades do mestre, avança para uma etapa em que gradualmente adquire segurança para agir de forma independente, até atingir o estágio final de autonomia, no qual o professor exerce apenas uma função de apoio didático e técnico.

12. A PRÁTICA EM FORMAÇÃO PROFISSIONAL PODE SER SUPRIDA POR MEIO DE OBSERVAÇÃO, DEMONSTRAÇÕES VIRTUAIS E VÍDEOS.

Também é mito.

Na educação profissional, estratégias diversas – tais como vídeos e demonstrações virtuais - podem ser utilizadas como apoio na aprendizagem efetiva, mas só mesmo por meio da prática – pondo a mão na massa – será viabilizado ao aluno o desenvolvimento das competências típicas da profissão que escolheu. É o clássico postulado do SENAI, "aprender fazendo", que tem se mostrado extremamente eficaz para o ensino das profissões industriais.

Porém, devemos manter a mente aberta para considerar situações específicas e múltiplas estratégias de ensino. Por exemplo, a condução de uma aeronave ou de um navio pode ser aprendida, em boa parte, por meio de simuladores. O mesmo ocorre no aprendizado da operação de centros de controle, seja aéreo, metroviário, de energia ou de indústrias de processo. Nestes casos, haverá uma parte da aprendizagem que se dará no plano real, acompanhada de supervisão de um operador proficiente.

ALUNO E **TRABALHADOR**

13. AO CONCLUIR UM CURSO PROFISSIONAL, O FORMADO TEM CONDIÇÕES DE EXERCER A PROFISSÃO EM TODA A SUA PLENITUDE.

Como todos os mitos, este também é desconectado da realidade. A formação recebida em um curso de educação profissional prepara o aluno para uma carreira que continuará a desenvolver-se ao longo de toda sua vida de trabalho. Evidentemente, a mera conclusão de um curso de formação não é garantia de que o trabalhador esteja em condições de exercer a profissão em sua plenitude.

A partir da formação para o primeiro emprego - qualificação, formação de técnico ou tecnólogo -, o profissional reúne as condições para inserção no mercado e passa a viver a necessidade de permanentemente atualizar-se, realizar especializações ou outras atividades de formação continuada, para que possa adequar-se às mudanças e aos novos rumos na sua área profissional.

O tempo de adaptação e conhecimento do ambiente de produção varia de acordo com o indivíduo, muitas vezes com objetivos e ritmos distintos aos apresentados na escola. Como em qualquer ramo do conhecimento, os anos de experiência permitirão ao trabalhador alcançar o pleno domínio de sua profissão.

Mesmo assim, é inteiramente possível e recomendável que durante a fase escolar o aluno receba orientações necessárias ao seu desempenho no mundo do trabalho. Orientações não somente relativas ao exercício da profissão como também ao papel de trabalhador capaz de produzir bens e serviços, com direitos e obrigações, responsável pela preservação ambiental e demais padrões de conduta compatíveis com uma vida produtiva.

Durante todo o processo de aprendizagem, os docentes de formação profissional orientam sobre como enfrentar dificuldades do mundo do trabalho e sobre os "segredos" dos ofícios. O aluno, antes de tudo, é um indivíduo em formação. Portanto, não se pode nem se deve esperar que ele domine, ainda na fase escolar, todo o potencial de produção e de responsabilidade inerente à profissão que está aprendendo.

Todo o contexto escolar e curricular, entretanto, deve contribuir e criar condições para que, gradativa e sistematicamente, o aluno incorpore padrões do mundo do trabalho e desenvolva atitudes adequadas e ética profissional. Durante o curso, uma das formas de motivá-lo a atuar em condições distintas e por vezes adversas é por meio da alternância de atividades escolares de complexidade crescente, que podem ser individuais ou em equipes, de tal maneira que ele se sinta à vontade para perguntar, procurar respostas e soluções aos desafios novos que se apresentam.

Um cenário de condições ideais é difícil de ser atingido em qualquer profissão. Nos cursos de longa duração, os alunos visitam empresas com organização de trabalho e de operação muito variadas. Além disso, uma formação plural e contextualizada – a chamada aprendizagem significativa – abre possibilidades de trabalho para várias ocupações, em vários locais, um dos quais será o primeiro emprego de cada um dos alunos.

A aproximação com o mundo real do trabalho e das práticas sociais é um instrumento facilitador de inserção no mercado. Normalmente, o aluno tem consciência de suas possibilidades e é preparado para enfrentar os desafios das condições reais de trabalho – a diversidade das pessoas, dos ambientes de trabalho e das possibilidades de execução das tarefas. E, nesse contexto, a plenitude do exercício de qualquer trabalho pode ser um patamar relativo a um momento da vida profissional. A transformação contínua do mundo do trabalho leva à permanente preocupação em adequar-se a novas exigências e à satisfação em aproveitar as oportunidades para apresentar novas iniciativas.

14. AO CONCLUIR UM BOM CURSO PROFISSIONAL, O TRABALHADOR NÃO PRECISARÁ PREOCUPAR-SE COM ATUALIZAÇÕES E APERFEIÇOAMENTOS.

É fácil contestar este mito.

Nos dias de hoje, com a intensidade que avança a tecnologia e se transforma a organização do trabalho, foi-se o tempo em que o aprendizado e o domínio das técnicas de uma profissão eram a garantia de emprego ou trabalho para o resto da vida. Se o trabalhador concluiu um curso profissional de qualidade, sabe que a iniciativa de se atualizar e se especializar é indispensável para que seja um bom profissional.

A base construída a partir da formação inicial é sempre fundamental para o desenvolvimento profissional ao longo de toda a vida. Mesmo que tenha que se requalificar, buscando uma nova profissão, o curso profissional inicialmente realizado não será perdido. Exemplo: se um profissional se formou em ferramentaria e, após algum tempo, resolveu atuar como designer, criando peças de decoração, pode-se concluir que ele não aplica mais o que foi aprendido no curso de ferramentaria? Errado. Ao contrário, no planejamento do trabalho, no esmero de sua execução, na perfeição do acabamento das peças, em muitos aspectos se pode concretizar o que foi aprendido anteriormente.

Os processos de qualificação, requalificação, aperfeiçoamento, especialização e atualização estão presentes na realidade brasileira e na dos outros países. A criação de novos produtos e de novos processos é cada vez mais veloz e tal velocidade é uma característica do modo de produção de qualquer empresa, em qualquer país, uma consequência das novas tecnologias e da crescente exigência dos consumidores por novos produtos, que determinam constantes mudanças no mundo do trabalho.

Os formuladores e executores de programas de formação profissional precisam estar atentos a todas as particularidades e requisitos do mercado de trabalho. O aluno egresso dos cursos deve ter clareza sobre as dificuldades que poderá enfrentar e deve perceber como precisará adequar seu perfil profissional a novas exigências.

ETHOS **PROFISSIONAL**

15. O APRENDIZADO DE UMA PROFISSÃO DEVE LIMITAR-SE AOS CONHECIMENTOS E HABILIDADES, POIS AS ATITUDES E OS VALORES CONSTITUEM RESPONSABILIDADE DAS FAMÍLIAS E DA COMUNIDADE.

É mito.

Nenhum processo de aprendizado ou trabalho é desprovido de atitudes e valores. Assim, não há ato educativo desprovido de cooperação, solidariedade, cidadania, justiça e civilidade.

Especialmente na formação profissional, ainda é fundamental a cultura expressa pelo valor da descoberta e do trabalho bem feito. Há, então, o reconhecimento da beleza de uma obra perfeita, que deve ser percebida e cultuada, seja em relação a um bem tangível, como é caso de um livro e do produto de um processo industrial, seja em relação a um bem intangível, como ideias e princípios. Nos processos de aprendizagem, devem ser criadas situações que levem os alunos a refletir sobre essas questões.

Não é possível, na escola, contemplar a gama de variabilidade de condições que ocorre no trabalho real, mas é perfeitamente possível fornecer condições para que o aluno trabalhador desbrave seus próprios caminhos e participe ativamente de uma equipe de trabalho.

Em um sistema de formação profissional que reconheça a importância dos valores e crenças fundamentados no respeito à dignidade da pessoa, será formado o profissional capaz de participar, de construir, de criar e de crescer, preparado para o convívio social.

16. NO MUNDO ATUAL, O DOCENTE DEVE DESENVOLVER NOS ALUNOS ATITUDES E VALORES RELACIONADOS AO INDIVÍDUO COMPETITIVO, EM DETRIMENTO DO GRUPO COOPERATIVO.

É outro mito, que ignora o fato de que no mundo do trabalho as pessoas dependem umas das outras, para o sucesso do trabalho em equipe e para obter cooperação na busca de soluções de problemas.

É claro que situações de competição também existem e qualquer estratégia de formação profissional não pode estar divorciada da realidade econômica e social. Assim, sem deixar de considerar o mundo competitivo com o qual o indivíduo se defronta em seu dia a dia - repleto de disputas, testes, concursos e situações de concorrência em que prevalecem as capacidades pessoais - deve buscar-se o equilíbrio, com a valorização das oportunidades para demonstração de atitudes de solidariedade e cooperação.

Esses valores e essas atitudes, inerentes à condição humana, devem ser desenvolvidos nos programas de formação profissional, nas atividades que se destacam pelo trabalho em grupo e pelas relações pessoais. Podem ser promovidos pela *pedagogia do exemplo*, que se torna efetiva quando, em qualquer situação, o docente trata alunos com igualdade, estimula a solidariedade, respeita a diversidade, não introduz regras ou normas como imposição, mas apresenta suas justificativas e seus objetivos. Ainda, cabe ao docente levar os alunos a reconhecer que uma pessoa só poderá ser feliz ao ser ético, fazer o certo, respeitar o outro, ser aceito como parte integrante e ativa da sociedade.

Não se trata apenas de tornar o aprendizado técnico mais humano, mas de propiciar uma formação profissional integral. Nela, os alunos devem adquirir competências que englobam conhecimento específico, habilidades e atitudes, como tradicionalmente se entende no SENAI.

> "O estudo da formação profissional, momento privilegiado da transferência e transmissão de conhecimentos que orientam o uso de máquinas ou ferramentas, deve partir sempre da consideração de que a base desse processo é uma relação humana que se realiza no mundo do trabalho. Desse modo, os procedimentos técnicos evidenciam sua dimensão social, que lhe dá sentido. Valeria pouco, portanto, uma história da técnica que se reduzisse a si própria, como se o seu movimento interior não lhe fosse determinado pela sociedade." ('O giz e a graxa: meio século de educação para o trabalho'/Projeto Memória/ SENAI-SP).

17. NA FASE DE APRENDIZADO, O ALUNO DEVE SE PREOCUPAR EM EXECUTAR A TAREFA NO TEMPO PREVISTO. A QUALIDADE FICA EM SEGUNDO PLANO.

Na correlação entre valores humanos e valores do trabalho, é um redobrado equívoco considerar que a execução de uma tarefa deve privilegiar a rapidez e o cumprimento de um prazo, em detrimento da qualidade. As limitações de tempo são importantes como traço de disciplina, mas não são suficientes se afetam a perfeição do trabalho, o cuidado com as medidas e o acabamento.

Entre os muitos valores adquiridos ao longo do processo de aprendizado e de convivência no ambiente de educação profissional, é essencial ressaltar o valor da busca pela perfeição no âmbito do próprio trabalho na construção das formas de humanização, como destaca Claudio Moura e Castro em "O ethos da formação profissional", ao analisar a atuação do SENAI:

> "A ideia de perfeição é absolutamente central. O ideal de perfeição é, ao mesmo tempo, um tema central no contexto substantivo da profissão e um meio, uma estratégia didática para adquiri-la. Não se começa um trabalho rústico, começa-se já com trabalho que visa à perfeição

e está já muito próximo dela. A minúcia, a preocupação com o último detalhe estão intrinsecamente ligados ao treinamento industrial. Aqueles afeitos ao bom treinamento industrial, seja em situações formalizadas como o SENAI, seja pela tradição mestre-aprendiz, sabem que até a caligrafia desenhada do jovem é influenciada por essa ideologia da ocupação. A obra mal feita não é a obra do principiante, mas sim aquela que nega os valores da profissão. Ela resulta não da falta de destreza, mas da falta de identificação com os mais legítimos valores da ocupação. Incidentalmente, é interessante verificar que o SENAI não aplica em seus candidatos provas de destreza ou coordenação motora e que não parece encontrar dificuldades dentre seus alunos resultantes de deficiências nesta área. A primeira obra de um aluno do SENAI já é praticamente perfeita."

É bom esclarecer, entretanto, que quantidade - fruto da rapidez - e qualidade não são necessariamente conflitantes.

Na maioria dos casos, o planejamento adequado do uso de recursos necessários à velocidade e à eficiência propostas é a solução. Por exemplo, em uma parada programada de manutenção, o tempo é precioso e, portanto, requer um planejamento cuidadoso para que não haja horas mortas e para que seja possível garantir um serviço bem executado. A quantidade de trabalhadores deve ser suficiente para que se possa imprimir um ritmo de trabalho normal, com folgas para os imprevistos.

Assim, a partir de um planejamento eficiente das atividades, um profissional realmente competente pode conseguir o melhor rendimento (em termos quantitativos), com o mínimo de erros ou dispêndios e com a maior perfeição possível na execução de seu trabalho.

AVALIAÇÃO

18. UMA BOA AVALIAÇÃO É AQUELA QUE É REALIZADA AO FINAL DE UM PERÍODO LETIVO PARA APROVAR OU REPROVAR ALUNOS.

É uma visão equivocada.

Efetivamente, a avaliação deve ser inerente a todo o processo educativo, em cada uma das suas fases, do princípio ao fim.

A avaliação efetivada ao final de curso é chamada de somativa. Já aquela que se realiza durante o processo denomina-se avaliação formativa e permite redirecionamentos antecipados e oportunos, evitando-se assim que um mal maior aconteça e torne mais complicada a recuperação do aluno para um ritmo considerado padrão. Tradicionalmente, no SENAI, a avaliação formativa é instrumento precioso para avaliação das práticas de oficina, a cada tarefa realizada.

É importante lembrar que toda forma de avaliação deve partir de critérios claros o suficiente para não gerar insatisfação ou insegurança aos alunos.

A avaliação formativa leva ao autodesenvolvimento da própria comunidade pedagógica. Na oficina, por exemplo, a análise e a avaliação em relação a cada tarefa realizada permite respeitar o ritmo de cada aluno, reorientá-lo quando necessário e ao mesmo tempo dar o apoio para que a turma como um todo termine seu processo de prática profissional.

Tão importante quanto o acompanhamento das tarefas é a articulação do planejamento de ensino com a avaliação. Dessa forma, a verificação dos objetivos de ensino que não foram atingidos por um aluno direciona o tipo de orientação e reforço que ele deve imediatamente receber. A partir dessa verificação, dificilmente ocorrerá prejuízo para o aluno em sua carreira pós-profissionalização.

Assim, a avaliação correta deve permear todo o processo educativo, a partir mesmo de uma pré-avaliação dos alunos, conhecida como avaliação diagnóstica, seguida por uma análise cuidadosa das tarefas realizadas e a consequente aferição final como forma de mensurar o alcance das competências do perfil profissional.

Uma avaliação nunca será efetiva e transparente se não contribuir para o desenvolvimento das competências dos alunos, se não exigir que sejam utilizados de forma funcional os conhecimentos científicos e tecnológicos, se não permitir e estimular a colaboração entre todos os envolvidos, se as tarefas e exigências não forem conhecidas amplamente antes do processo avaliativo e se as informações extraídas não considerarem todas as aptidões dos alunos, desde suas habilidades anteriores até o controle das competências adquiridas com vistas aos objetivos finais.

19. A EVASÃO DE ALUNOS É UM PROBLEMA QUE FOGE INTEIRAMENTE DO CONTROLE DA ESCOLA, POIS SUAS CAUSAS SÃO TODAS EXTERNAS.

É mais um mito.

É certo que causas externas como doença, situação financeira, desemprego na família podem causar evasão escolar. Mas também, sem dúvida, há causas internas ao processo de ensino e ao ambiente escolar que podem, sim, ser objeto de ações preventivas ou corretivas das escolas.

Há inúmeras razões internas que levam à desmotivação por não reconhecerem o esforço dos alunos. Um sistema desequilibrado ou distorcido de avaliação pode ser uma delas. Por isso, constituem requisitos essenciais dos instrumentos de avaliação a definição dos objetivos, dos critérios e dos procedimentos, além da validação e seus ajustes pertinentes. Para ser efetiva, a avaliação não se deve limitar a apenas um instrumento, especialmente na formação profissional, em que são inúmeras as oportunidades de avaliar o progresso do aluno.

É preciso levar em conta que até mesmo problemas na estrutura curricular podem provocar dificuldades no aproveitamento escolar e, consequentemente, desânimo e mesmo evasão.

Por representar o diagnóstico de uma situação e, portanto, o reconhecimento ou não dos esforços empreendidos, quando a avaliação dificulta o reconhecimento dos progressos e dos feitos do aluno, pode gerar desânimo e, em consequência, frustração, abandono e evasão. Uma avaliação equivocada também pode prejudicar o aluno na sua carreira se ele deixar a escola acreditando que adquiriu os conhecimentos necessários ao perfil profissional, o que, na prática, pode não ter ocorrido.

Assim, gestores de educação profissional, docentes e técnicos devem estar permanentemente repensando os mecanismos de avaliação utilizados, tanto quanto os métodos de ensino e os currículos.

Desta perspectiva, a avaliação pode ser até mesmo uma eficiente ferramenta de reorganização do processo, desde que seja utilizada como instrumento de diálogo, que contemple reciprocidade nos avanços ou prejuízos da aprendizagem e que sirva como parâmetro ao docente, mas também ao aluno. Sua função ganha importância nos rearranjos de ações pedagógicas que eventualmente não funcionam e que são detectadas na troca de ideias própria da dinâmica de ensino.

DOCENTES

20. ENSINAR UMA PROFISSÃO É O MESMO QUE EXERCER ESSA PROFISSÃO.

É um equívoco mais comum do que se imagina.

Na verdade, ao ser recrutado para ensinar a sua profissão ou especialidade, o profissional ingressa em uma nova carreira. Por exemplo, um ferramenteiro produz ferramentas e dispositivos para a produção industrial, enquanto um docente de ferramentaria forma ferramenteiros. Embora já tenha como requisitos essenciais os conhecimentos e o domínio consolidado da profissão anterior, na função de docente serão exigidas capacidades distintas, que vão além do conteúdo específico com o qual ele está acostumado. Agora ele necessitará de boa articulação, empatia, capacidade de liderança e de coordenação de grupos, habilidade para avaliar, selecionar, aplicar novos métodos de ensino e pesquisa.

Para o docente é preciso também saber lidar com outro componente fundamental no cenário de ensino e aprendizagem: a motivação. Nesse sentido, é necessário compreender as expectativas e anseios dos alunos, manejar com habilidade suas fragilidades e dúvidas e prepará-lo para enfrentar frustrações. Tal situação é bem diferente da atividade produtora de bens e serviços, muitas vezes realizada com pouca interferência das relações interpessoais.

No desenvolvimento de sua formação pedagógica, o profissional que se torna docente conecta, a rigor, três competências básicas:

- *a competência técnica*, que está ligada à especialidade profissional e engloba tanto os conhecimentos teóricos, necessários ao exercício de uma determinada profissão, como a capacidade de aplicá-los na prática. Visando à competência técnica, deve-se oferecer ao docente a possibilidade de formação contínua, tendo em vista a necessária atualização dos conhecimentos decorrentes das inovações, especialmente as tecnológicas e pedagógicas;
- *a competência pedagógica*, que compreende as tarefas e funções típicas que o docente deve realizar – planejar, avaliar e participar das decisões educacionais -, o que implica não apenas conhecimento de métodos e estratégias de ensino, mas também outros conhecimentos que ampliem sua visão de mundo;
- *a competência relacional*, que se refere à dimensão não técnica, mas que influencia fortemente o desenvolvimento do trabalho. São aspectos ligados à atitude, entre os quais se destacam a postura de busca contínua da qualidade e a capacidade de trabalhar em equipe para tomar decisões e resolver problemas.

Um bom docente de formação profissional, além do amplo domínio da profissão, necessita:

- ter domínio do componente curricular sob sua responsabilidade;
- compreender e aplicar a integração curricular;
- compreender e aplicar a tecnologia educacional;
- compreender e aplicar conhecimentos de psicologia da aprendizagem e de relações interpessoais.

Não haverá uma relação eficaz e plena entre docentes e alunos se não existir ampla circulação de informações no ambiente de aprendizagem, se as decisões a serem tomadas e problemas a serem resolvidos não forem assumidos por todos os envolvidos e se as competências trabalhadas nos ambientes de ensino não tiverem como base claros objetivos educacionais.

21. UM BOM DOCENTE NÃO PRECISA PLANEJAR SUA AULA, POIS JÁ DOMINA INTEIRAMENTE O CONTEÚDO A SER MINISTRADO.

Nada mais equivocado.

A verdadeira atividade docente não admite improvisações, ainda que o profissional em questão seja um profundo conhecedor do conteúdo que será ministrado. Antecipar, prever situações, simular dificuldades e planejar detalhes são atividades inerentes ao perfil do docente e compõem a espinha dorsal da produção do ensino, um desafiador conjunto de tarefas.

O ensino e a aprendizagem são processos humanos e dinâmicos de cognição, percepção, interação, relacionamento, encontro de personalidades e troca de experiências. Com tamanho grau de complexidade e de relevância social, uma atividade pedagógica exercida sem planejamento, fundada unicamente no talento, na memória e na capacidade pessoal, torna-se uma ação pouco responsável.

E planejamento implica programar as ações realizadas no processo de ensino e aprendizagem, fazer circular os conhecimentos detectando as carências e desafios a que os alunos se propõem e manter viva a conexão entre os participantes do ambiente educacional como um todo.

O planejamento do ensino sob responsabilidade da equipe docente pressupõe:

- analisar perfis profissionais e decorrentes planos de curso;
- conhecer a clientela e o contexto social onde ela está;
- conhecer o mercado de trabalho;
- conhecer os métodos de ensino, os recursos didáticos e as estratégias de avaliação;
- conhecer o projeto pedagógico e as disposições regimentais e regulamentares da instituição de formação profissional.

Com esses elementos, o docente estará em condições de planejar adequadamente a prática pedagógica.

22. O RECRUTAMENTO DE BONS PROFISSIONAIS PARA A DOCÊNCIA ISENTA INTEIRAMENTE A INSTITUIÇÃO DE FORMAÇÃO PROFISSIONAL DE OFERECER QUALQUER PREPARAÇÃO PEDAGÓGICA A ESSES DOCENTES.

É exatamente o contrário.

Muitos dos profissionais que assumem a docência realizaram formação profissional apenas no nível de educação superior, o que significa que não conhecem, em princípio, os métodos e estratégias utilizadas na qualificação profissional e em cursos técnicos. Ora, uma insuficiente e inadequada formação de formadores pode ter consequências desastrosas, uma vez que se trata da preparação de multiplicadores de profissionais.

A formação e o aperfeiçoamento continuados dos docentes devem constituir diretriz permanente de toda instituição de formação profissional, um requisito que se justifica duplamente, tanto pelos avanços na tecnologia educacional quanto pelas mudanças introduzidas no mundo do trabalho.

Ainda, deve-se levar em consideração que a formação de formadores por si só não é suficiente. O docente deve ter seu desempenho no ensino acompanhado pela equipe técnico-

-pedagógica da escola, recebendo orientações e participando de cursos de aperfeiçoamento pedagógico, sempre que necessário; deve manter-se permanentemente atualizado em relação a novas práticas e novas tecnologias introduzidas nas empresas; deve ter preocupação permanente com o perfil de seus alunos, para rever suas atitudes, quando houver qualquer inadequação.

Dessa forma, as instituições de formação profissional – ao promover programas de capacitação didática e também de atualização técnica e ao garantir acompanhamento e orientação de formadores por equipes de especialistas em educação - estarão dando as condições para um processo de contínua melhoria da ação docente.

Para encerrar estes comentários sobre os mitos e equívocos da formação profissional, uma verdade:

NÃO HÁ CURRÍCULO, INSTALAÇÃO OU EQUIPAMENTO QUE ASSEGURE ENSINO DE BOA QUALIDADE. SOMENTE O BOM DOCENTE É CAPAZ DE ALCANÇAR A EXCELÊNCIA DO ENSINO.